JOSÉ MARÍA MORELOS

Biografía Breve

Oscar René Cruz

Idbcom LLC

Los personajes y eventos que se presentan en este libro son ficticios. Cualquier similitud con personas reales, vivas o muertas, es una coincidencia y no algo intencionado por parte del autor.

ISBN: 9798362594640

Diseño de la portada de: Idbcom LLC, Pintura de Francisco de Paula Sánchez de Antuñano (Mexican, 1853–1910)

Número de control de la Biblioteca del Congreso: 2018675309
Impreso en los Estados Unidos de América

Morir es nada cuando por la patria se muere,
y yo he cumplido,
como debo con mi conciencia y como americano.
Dios Salve a la Patria,
cuya esperanza va conmigo a la tumba.

JOSÉ MARÍA MORELOS Y PAVÓN

INTRODUCCIÓN

Tras el fusilamiento y muerte de Miguel Hidalgo el 30 de julio de 1811, parecía que la lucha por la independencia del futuro México había terminado, no habían las condiciones para que alguien ejerciese el mando supremo, pero brotó en las filas insurgentes una estrella de gran magnitud que, deslumbrando con sus épicas glorias a todos los partidarios de la independencia, los subyugó con su genio, los dominó con su grandeza de alma, y por algún tiempo el ejercito insurgente tuvo como jefe a un gran general, a un patriota magnánimo, a un ciudadano que sabía respetar la ley: al gran Morelos, figura que se destaca gloriosa entre sus contemporáneos y sobresale a pesar de haber vivido en una época en la cual tuvo la patria tantos héroes a su servicio.

Morelos, ansiando dar a la guerra el sello de grandeza que le caracterizaba y después de tener bajo su dominio gran parte del territorio nacional, convocó a los mexicanos para mandar representantes a un congreso que se reunió en Chilpancingo.

Pero el éxito de la guerra estaba aún indeciso; los realistas, contando siempre con elementos inagotables, preparaban y equipaban ejércitos poderosos.

No era aún tiempo de poner las riendas del gobierno en manos de un congreso; se necesitaba un jefe militar. No era oportuno tener un gobierno compuesto de tantos miembros, pues para asegurar su existencia, su estabilidad, se necesitaba, no de la escolta que requiere para su protección un general en jefe en sus constantes evoluciones por el teatro de la guerra, sino de un ejército formidable que pudiese hacer frente a todas las fuerzas enemigas, que ya tendrían marcado el punto adonde reconcentrar el ataque y dirigir todos sus esfuerzos.

Esta falta cometida por nuestro héroe inmaculado, con la mayor buena fe, tuvo resultados transcendentales para la patria, pues retardó por muchos años el triunfo de los insurgentes y nos costó la pérdida irreparable de Morelos, inmolado en la defensa del congreso que él mismo creó. Decimos irreparable, porque ninguno de los insurgentes que logró ver a nuestra patria libre, tenía una alma tan grande como él; quizás, si hubiera sobrevivido a la prolongada guerra de independencia, nuestra suerte habría sido otra, porque con su gloria, su prestigio, su inmenso ascendiente sobre sus compañeros de armas, hubiera dominado todas las ambiciones; con su patriotismo y altos sentimientos cívicos, de que dio prueba en el Congreso de Chilpancingo, hubiera encarrilado a la república, desde su nacimiento, por un camino en donde habría encontrado menos tropiezos, escollos y vicisitudes.

Pero dejemos de ocuparnos de lo que pudo ser.

El hecho es que Morelos sucumbió debido a una falta cometida por él de buena fe. Su muerte fue una pérdida de incalculable importancia para la patria. Esa falta la vemos ahora clarísima, porque sabemos cuáles fueron sus funestas consecuencias; si hubiéramos vivido en su época, indudablemente habríamos participado de sus hermosos ideales, de la noble que lo guiaba: la de ver a su patria gobernada por representantes del pueblo.

Francisco I Madero

JOSÉ MARÍA MORELOS Y PAVÓN

José María Morelos y Pavón, nació en la ciudad de Valladolid, hoy Morelia Michoacán, el 30 de septiembre de 1765. Sus padres fueron don José Manuel Morelos y doña Juana María Guadalupe Pérez Pavón, el origen de José María fue humilde y hasta la fecha no se ha podido comprobar con certeza si su padre era criollo o mestizo. Su padre fue originario de la hacienda de Sindurio, inmediata a Valladolid, y ejercía el oficio de carpintero, su madre una criolla de Querétaro hija de José Antonio Pérez Pavón, un profesor en cuya escuela José María aprendió a leer y escribir.

Es importante recordar que, en la Nueva España de aquellos años, existía una estructura social estrictamente jerárquica, surgida durante la conquista española, en donde los españoles peninsulares tenían todos los privilegios y ocupaban los puestos dirigentes, le seguían los criollos hijos de españoles nacidos en la

Nueva España, luego los mestizos y en una esclavitud disfrazada los indígenas y los esclavos negros. Éstos junto a los indígenas y mestizos debían servir y mantener a los criollos, a los españoles peninsulares y a los clérigos.

Don Manuel murió cuando su hijo José estaba apenas en los primeros años de las enseñanzas, ante este acontecimiento la madre de Morelos se vio acosada por la miseria y puso al huérfano José María bajo la autoridad de su tío Felipe, quien de acuerdo con sus posibilidades económicas no encontró más acomodo para José María que la ocupación de cuidar unas vacas por el rumbo de Sindurio, con las naturales consecuencias y percances de la vida de pastor.

Fue atajador, y luego pastor, en sus tiempos libres reafirmó sus conocimientos escolares con un ejemplar de la Gramática de Nebrija, con la que se inició en el conocimiento del latín, de manera autodidacta. Desde los catorce años hasta los veinticinco trabajó como vaquero de Hacienda.

En el año de 1790 su madre Juana María Pérez Pavón, inició el proceso para que se reconociera a su hijo José María como beneficiario de una capellanía fundada en Apaseo por Pedro Pérez Pavón, su bisabuelo. Ese año

Morelos inició sus cursos de gramática latina y de retórica en la escuela parroquial.

En la Nueva España dada su estricta y jerárquica estructura social, los trabajos que podían seguir los mestizos para sobrevivir eran muy pocos: artesanos, carpinteros, albañiles, o peones. Otra opción era el hacerse sacerdote, en esos tiempos la iglesia católica necesitaba curas para los lugares apartados y pobres, lo cual permitía ordenarse con muy escasos estudios y sin una firme vocación sacerdotal.

En 1792 Morelos solicitó entrar en el colegio de San Nicolás en calidad de capense. Al parecer, esta última denominación se refiere al hecho de que fue un estudiante que no residía en el colegio. Trabajando días y noches primero en el Colegio de San Nicolas y después en el Seminario Tridentino, hizo sus cursos de filosofía y de moral, como se entendía en esas asignaturas en los institutos claustrales de la época; filosofía de escolástica y moral de catecismo. Conservó en su memoria los nombres de sus maestros don Jacinto Moreno, que le enseñó gramática; Don Vicente Peña, filosofía, y el doctor don José Ma. Pisa teología moral.

Cuando Morelos recibió el grado de bachiller, se trasladó a la Ciudad de México, en un rápido viaje de unos cuantos días, para recibir dicho grado. Como previo examen que sustentó el 28 de abril de 1795, después del cual recibió su grado en manos del doctor y maestro Alcalá.

Ya en 1795 había seguido sus tareas educativas y eclesiásticas para obtener, mediante exámenes y sujetándose a las pruebas reglamentarias, las órdenes menores y mayores, recibiendo, sucesivamente, las investiduras de subdiácono, y diácono.

Vivía Morelos, antes de ascender al presbiterado, ya fuera del Seminario, en Valladolid, en compañía de su madre y de su hermana Antonia, y ocupaba una casa menos que modesta en la primera cuadra de la calle de Mira al Llano. Su posición económica era tan difícil, que para poder continuar su carrera tuvo que aceptar el ofrecimiento del cura de Uruapan, bachiller Nicolás Santiago de Herrera, quien lo llevó a su parroquia para que enseñara gramática y retórica a los niños destacados que debían pasar a escuelas superiores. Desde el mes de enero de 1796 hasta el de febrero de 1798, desempeñó en Uruapan las funciones de preceptor y clérigo diácono. También, en sus clases, pudo Morelos aprender un poco de latín para decir la misa.

Su capacidad era alta, pues lo poco que aprendió se le grabó tan profundamente en su espíritu, que al contestar los cargos del fiscal en su proceso de la inquisición todavía pudo defenderse citando razones de uno de sus libros de texto.

Sin embargo, para la formación de su alma, como preparación de su futuro, encontró en el maestro y después rector del Colegio de San Nicolás, don Miguel Hidalgo, un verdadero guía. Aunque no fue realmente su discípulo directo, pues no le tocó asistir a sus cátedras, ni parece que hayan tenido algún acercamiento, era difícil que el rector de un instituto con numerosos estudiantes, donde había muchos distinguidos, fijara especialmente su atención en un alumno promedio. La influencia decisiva de Hidalgo y el respeto que le guardó siempre Morelos, indican que el caudillo recibió de su rector el germen de sus ideas políticas y sociales.

Morelos decidió, por su extremada pobreza, interrumpir sus estudios, solo aspiró a las órdenes sacerdotales. Pedía ser admitido en la primera tonsura clerical, las cuatro órdenes menores y el subdiaconado con facultades de administración de los santos sacramentos, a reserva de aspirar más tarde a las órdenes mayores. Obtuvo el título de presbítero el 21 de diciembre de 1797 y pidió licencia para celebrar misas, confesar y predicar en el curato de Uruapan.

Cuando recibió su nombramiento de cura interino para Churumuco y la Huacana, contestó que aceptaba con regocijo, aunque "sacrificando su vida por obedecer a su Señoría Ilustrísima y cultivar la Viña del Señor."

Siguió ejerciendo sus funciones de diácono, pero siempre subordinado al cura del lugar y enseñando en la escuela parroquial gramática y retórica.

La vida en Churumuco era difícil, pues el clima era tal que enfermaba fácilmente a las personas, por lo que, al llevar a su madre y a su hermana a vivir con él, la primera cayó enferma. Doña Juana Pérez Pavón, viuda y anciana, estaba desde hacía un año al borde de la muerte. Morelos la mandó a radicar, con muchos esfuerzos económicos a Valladolid. La acompañaba su hija Antonia, también enferma, pero ya de alivio con el cambio de clima. Finalmente, el 5 de enero 1799, la señora murió. Morelos no pudo asistir a su entierro en Pátzcuaro.

Morelos pidió su cambio, el que le fue concedido después de un tiempo y así pasó a ocupar la parroquia de Carácuaro. El cambio no pareció muy favorable a la vida de Morelos. Era un curato pobre, en el que sus habitantes mantenían al cura durante cinco meses al año; otros cinco meses correspondían a los vecinos de Nocupétaro, perteneciente al mismo curato y dos meses a Acuyo, más pequeño y pobre todavía.

Los residentes de Carácuaro se distinguieron enseguida por su resistencia a mantener a su párroco. No pagaban sino mal y tarde los pobres reales de la tasación. Más aún, suscribieron un escrito de queja en contra de Morelos, dirigido a la autoridad superior del arzobispado. En esta queja aducían la dureza del párroco, amén de hablar de las pobrezas del lugar; pedían pagar sus impuestos por arancel y no por tasación, y aseguraban que, de no ser así, se verían obligados a no pagar, adeudarse o emigrar.

La autoridad eclesiástica superior pidió a Morelos, que respondiese a lo sucedido. El cura informó sencillamente; habló de la rebeldía del pueblo, su negligencia con el pago, su desdén por el trabajo y de su escaso gusto por asistir a la doctrina. Por último, Morelos ofreció renunciar a la cuarta parte de su humilde percepción monetaria y reducirse a vivir con sólo dieciséis pesos al mes para realzar entre su rebaño la benignidad de la mitra.

La verdad es que tanto tenía razón Morelos, como los de Carácuaro ya que el lugar era realmente pobre y no había muchos lugares de donde obtener beneficio, y la pobreza obligaba a los indígenas a ser desconfiados. La queja no prosperó ni tuvo ninguna consecuencia.

Cómo a muchos sacerdotes les pasa, Morelos no pudo contener la fuerza de la vida con la que nacemos todos los hombres y en 1802 cayó en brazos del amor, y en esa ocasión su nombre fue Brígida Almonte. De ella se sabe que era soltera y murió poco tiempo después, dejando un hijo nacido en 1803 y que llevó el nombre de Juan Nepomuceno Almonte. Es de comprender que el niño usara el apellido de su madre, por la inconveniencia de ostentar el paterno, que le daba no sólo el carácter de ilegítimo, sino de sacrílego.

El 10 de abril 1806, Morelos obtuvo el derecho a la capellanía fundada por su bisabuelo Pedro Pérez Pavón que su madre había solicitado tiempo atrás.

El tiempo pasaba sin prisa, sin que sea posible anotar ningún suceso importante en la vida de Morelos, ya terminaba la primera década del nuevo siglo. En 1807 hizo las gestiones para reducir su jurisdicción eclesiástica, proponiendo a la Mitra, en escrito de 13 de abril que los servicios religiosos en las haciendas de Cuitzián y Santa Cruz fueran agregadas al curato de Turicato, por conveniencias materiales de comunicación.

Como gotas de agua, las ideas de la ilustración europea que fundamentaron la independencia de los Estados

Unidos de 1776 y de la revolución francesa de 1789, fueron penetrando en grupos ilustrados de la Nueva España.

En 1808 los sucesos políticos que rompieron la aparente quietud de la Nueva España, provocados a su vez por los graves trastornos que se producían en España, por la abdicación de Fernando VII tras la invasión napoleónica de la península, iniciaron la tremenda crisis que hizo estallar la guerra de independencia.

Las noticias y la comprensión plena de la gravedad de éstas no llegaban muy rápidamente a todos los rincones de la Colonia y la inquietud se extendía oculta y sordamente. Poco a poco se fue avivando el fuego que en Morelos se haría pasión por la defensa de los intereses de los grupos sociales que la estructura jerárquica de la Nueva España, oprimía y esclavizaba. Un día que viajó a Valladolid, oyó hablar del arresto del virrey Iturrigaray y de otros sucesos que ocurrían en la Nueva España. Salió como de un letargo, comprendió que el mundo estaba cambiando y en aquel momento juró hacer la guerra a los enemigos de América.

La idea de la soberanía popular, los ecos de la Revolución Francesa, y la corriente ideológica representada para Morelos en la persona de don Miguel Hidalgo, fueron sin duda los antecedentes que prepararon la crisis y encontraron terreno propicio en aquel cura de pueblo, dotado de una energía formidable y movido por intuiciones geniales.

Después de la proclamación de la Independencia por Hidalgo, Morelos tuvo unas noticias, primero inciertas, luego confirmadas por el edicto de excomunión de Hidalgo. Morelos comenzó a preparar las cosas para tener el camino libre para unirse a los insurgentes. Mandó y construyó él mismo, un cementerio cerca de su parroquia al que mandó poner almenas, como protección en caso de ataque.

El 19 de octubre de 1810 salió Morelos en busca de Hidalgo, pasó por Tacámbaro y Valladolid y llegó a Charo en una sola jornada. Al día siguiente Morelos se entrevistó en el camino de Charo a Indaparapeo con Hidalgo, de la entrevista con Hidalgo Morelos consiguió una comisión.

Era un nombramiento que decía:

> Por la presente comisiono en toda forma a mi lugarteniente el Br. D. José María Morelos, cura de Carácuaro, para que en la costa del Sur levante tropas y tome el puerto de Acapulco, procediendo con arreglo a las instrucciones verbales que le he comunicado.

¿Cómo logró obtener tan valiosa comisión Morelos sin ser conocido de Hidalgo?

Al parecer, Hidalgo y quienes lo acompañaban quedaron sorprendidos por la forma vehemente con que Morelos quería participar en la gesta.

Se cuenta que se acercó Morelos con embarazo y poca gracia a Hidalgo y sus acompañantes, y con dificultad expresó que deseaba se le admitiese como capellán del ejército, para lo cual pedía licencia.

—¿Cómo es eso? ¿Se resuelve usted a abandonar su curato?

—Sí, señor. —Y está usted decidido a cambiar una vida tranquila por nuestras aventuras?

—Hace tiempo que lo estoy.

Hablaron luego en voz baja, mientras los jefes y la oficialidad burlona se divertían a costa del original capellán que iban a tener.

— ¿Han visto ustedes una figura más poco militar? ¿Quién lo conoce?

—Es el cura de Carácuaro.

—¿Cómo se llama?

—No recuerdo, pero se cuentan de él muchas extravagancias.

—Es un hombre obscuro, sin carrera.

—Dicen que es hijo de un carpintero, que se dedicaba hace algunos años a la arriería, que en uno de sus viajes compró en México un ejemplar de la Gramática de Nebrija, y después de estudiarlo, cuando tenía veinticinco años, se le metió en la cabeza ser clérigo.

—Silencio, oiremos lo que responde: acaba de preguntarle el señor cura cómo resolvió seguirnos.

Callaron todos. Se oyó la voz del cura de Carácuaro:

—Vine a Valladolid, a fines del año pasado, a la casa de mi hermana; nos convidaron a un coloquio, y no faltó allí quien hablase del Virrey Iturrigaray y de los prisioneros ejecutados en aquellos días, sentí nuestra opresión, nuestro oprobio y concebí un odio contra los tiranos que me tuvo inquieto y engendró el pensamiento de combatir por la libertad de mi patria.

—Bien, muy bien.

—Me retiré con esa idea, proyecté construir un fortincito en mi curato, soñándolo punto de defensa: allí, a mis solas, después de mis trabajos, pensaba en ejércitos, en asaltos, en victorias, y lloraba después de ver mi ignorancia en todo.

Al decir esto su voz era de trueno, su mirar, imponente; tenía arrebatado al auditorio. Hidalgo dijo:

—Padre, me parece que mejor ha de ser usted un general que un capellán.

Salió Morelos de su curato de Carácuaro el 25 de octubre de 1810, junto con 25 hombres armados con palos, machetes y algunos fusiles, que se le habían unido a esta aventura.

En la guerra de independencia, los insurgentes al contrario de los realistas, tenían pocos armamentos con qué combatir, por lo que es de comprender que se dedicasen preferentemente a la guerra popular. Morelos pronto demostraría, algo que Hidalgo nunca tuvo: la capacidad guerrera, compuesta de vigor físico, de valor personal, astucia, inteligencia y crueldad serena, don de mando y de organización, todo el conjunto complicado que forma a los grandes generales.

Primera campaña

La primera campaña de Morelos fue una penosa marcha en busca de armas. Es la compaña de formación, en la que Morelos aprendió a ser soldado y a formar ejércitos, teniendo por talleres y arsenales las filas enemigas.

En Huetamo es donde prácticamente se inicia la carrera militar de Morelos. Ahí escribe un documento importante que dice en lo esencial:

> Anteayer llegué a esta población con dieciséis indígenas de Nocupétaro, y hoy cuento con doscientos noventa y cuatro hombres de a pie y cincuenta a caballo. Pueblos enteros me siguen, queriendo acompañarme a luchar por la Independencia, pero les impido diciéndoles que es más poderosa su ayuda labrando la tierra para darnos el pan a los que nos lanzamos a la guerra.

Morelos se dirigió con su improvisada tropa hacia Zacatula, atravesando la provincia de Michoacán con rumbo a la costa. En Zacatula recibieron pertrechos. En Petatlán se les unió más gente y finalmente llegaron a Tecpán, ciudad a la que amenazó Morelos con atacar. En esta población se unieron al insurgente, los hermanos Galeana, que no sólo llevaron su contingente personal, sino hombres y armas, incluyendo un cañón para salvas, primer elemento de la artillería del ejército insurgente del sur.

Eran los Galeana campesinos acomodados de la región, y sus nombres figuran honrosamente al lado del de Morelos, principalmente por don Hermenegildo, que ilustró su vida con episodios heroicos y juntó la bondad del corazón, la fuerza del brazo y el extraordinario valor.

El 17 de noviembre 1810, en el Aguacatillo, Morelos expidió un bando por el cual se suprimieron la esclavitud y las castas.

> [...] a excepción de los europeos, todos los demás habitantes no se nombrarán en calidad de indios, mulatos ni otras castas, sino todos generalmente americanos. Nadie pagará tributo, ni habrá esclavos, y todos los que los tengan serán castigados. No hay Cajas de Comunidad y los indios percibirán los reales de sus tierras como suyas propias.

El ejército creció hasta el número de 3,000 hombres armados, aunque no todos con fusil. Emprendió el ejército su avance hacia "El Veladero".

Llegaron hasta el fuerte de Acapulco. Ahí seiscientos hombres quedaron hostilizando la plaza. El primero de noviembre de 1810 se suscitó un combate entre las fuerzas de Morelos y las realistas. En esta ocasión ambos ejércitos combatientes se retiraron por creerse vencidos, aunque con provecho de los insurgentes, que, advertidos, pudieron al fin salvar su propio armamento y recoger el enemigo.

Morelos se aproximó a 19 kilómetros del sitio del combate, y recibió en sus filas a los nuevos adeptos, salidos de Acapulco, con que regresó a su campamento ya atrincherado y con obras de fortificación pasajeras.

Después de un intento de toma del fuerte por parte de los insurgentes que fracasó, se devolvieron los hombres de Morelos, con su jefe a Tecpán.

El 18 de abril 1811. Morelos decretó el establecimiento de la provincia de Nuestra Señora de Tecpan, emitió disposiciones sobre el cobro de impuestos y sobre la entrega de tierras a los pueblos.

En uno de sus escritos alude a la formación de un Congreso Nacional, como lo instruyó Hidalgo.

> Y, en cuanto a las tierras de los pueblos, harán saber dichos comisionados a los naturales y a los jueces y justicias que recaudan sus rentas, que deben entregarles las correspondientes [cantidades] que deben existir hasta la publicación de este decreto, y hechos los enteros entregarán los justicias las tierras de los pueblos para su cultivo, sin que puedan arrendarse, pues su goce ha de ser de los naturales en los respectivos pueblos.

Poco después emprendió la marcha hacia Chilpancingo. Llegó a esa población el 24 de mayo de 1811, sin encontrar oposición. En el camino se le habían unido los Bravo y Vicente Guerrero.

En Tixtla las armas insurgentes se cubrieron de gloria al lograr tomar la plaza del mismo nombre, después de un ataque por parte de los insurrectos que duró algún tiempo. Con la toma de esta población se cierra la primera campaña de Morelos por el sur de la Nueva España.

Con esta campaña logra la formación de un cuerpo de tropas bien armadas. El prestigio de la causa insurgente creció, y el fermento que se agitaba en todo el país y especialmente, en la ciudad de México, que amenazaba provocar un estallido, se avivó con los triunfos del caudillo del sur.

Don Hermenegildo Galeana, don Nicolás Bravo y más tarde don Mariano Matamoros, valieron cada uno para Morelos como todo un ejército, y siempre que se alabe la memoria del gran general, es justo asociar a su nombre los de sus mejores soldados.

Con la toma de Chilapa, el caudillo pudo descansar un poco del ritmo que había llevado en la primera campaña, sin embargo, su descanso fue relativo, ya que se dedicó a la fabricación de pólvora y construcción de toda clase de implementos militares, cuidando al mismo tiempo de implantar la disciplina y el orden.

Su dureza comenzó a hacerse sentir con vigor, castigando las deserciones y el extravío de armamento. Su código militar era el de Hidalgo, quien le había dado instrucciones precisas de levantar el sur. Ese sería su destino, pues, aunque pudo desplazarse a Michoacán en alguna oportunidad sus luchas siempre se fijaron en Guerrero, Oaxaca, Morelos y Puebla.

También pasaron por sus manos fuertes sumas de dinero, sin que cayera nunca en la tentación de enriquecerse. Este hecho, de una moral tan simple, ha sido tan raro entre los hombres de poder y gobierno, educados en el abuso de los caudales públicos, que, al citarlo en elogio de Morelos, sólo puede creerse recurriendo al examen de su vida. Él no sabía de lujos, ni de placeres costosos, ni de despilfarros en pago de adulaciones. Su mejor distracción era aprovechar las escasas horas libres tirando al blanco con pistola.

En el campamento del cerro del Aguacatillo, cerca de Acapulco, Morelos había redactado las primeras instrucciones dirigidas a sus subalternos:

En caso de que los administradores o arrendatarios de diezmos desamparen sus obligaciones, deben darse a otros en arrenda miento confianza y seguridad, reservando dos partes para la iglesia y una para el administrador.

No se echará mano a las obras pías si no es en caso de necesidad y por vía de préstamo.

Si entre los indios y castas se observase algún movimiento, como que los indios o negros quieran dar contra los blancos o los blancos contra los pardos, se castigará inmediatamente al que primero levante la voz. Y si se observa en alguien espíritu de sedición se le remitirá preso a la superioridad advirtiendo que es delito de pena capital.

Los oficiales no se nombrarán por sí solos ni por la voz del pueblo y la mayor graduación se concederá por sus méritos que premie la superioridad.

Los comisionados y oficiales procederán en toda la armonía, fidelidad y maduro consejo, de modo que no ha ya quien hable mal de su conducta y sobre todo obrarán en la mayor cristiandad castigando los pecados públicos y escandalosos y procediendo de acuerdo y hermandad unos con otros.

En estas disposiciones se nota el propósito de establecer un principio de disciplina en el ejército insurgente que comenzaba a formarse, y que tuvo en su iniciación el aspecto de un alzamiento popular, violento, desencadenado y anárquico.

Morelos nunca tuvo en su ejército gente preparada,

educada en la milicia, que le pudiese ayudar a implantar una disciplina en base a un código establecido. Todo tuvo que irlo formando desde cero.

A muchos kilómetros del lugar en que Morelos organizaba a su ejército, en Chihuahua al Norte de la Nueva España, el 30 de julio de 1811, Miguel Hidalgo era fusilado. Su cabeza junto con las de Allende, Aldama y Jiménez, los lideres insurgentes caídos en la lucha por la independencia de la Nueva España, se trasladaron a Guanajuato, y el 11 de octubre de 1811 se colocaron dentro de jaulas de hierro, para ser colgadas en las cuatro esquinas de la Alhóndiga de Granaditas, para escarmentar a todos los movimientos independentistas.

Mientras tanto al sur del virreinato, al final de su primera campaña, en julio de 1811, Morelos pensó ya en formar un Congreso Nacional Americano que legislara, primero sobre el territorio insurgente y después sobre toda la Nueva España.

En lo relativo a religión, trató Morelos de nombrar párrocos que se ocupasen de las almas de sus combatientes insurgentes. Estando Morelos en esos menesteres, se le ocurrió dar misa, esta resulto muy significativa porque años más tarde durante su proceso religioso fue atacado duramente, por la inquisición por este hecho.

Un caso singular se dio entre las filas insurgentes al crearse la Junta de gobierno, comandada por don Ignacio López Rayón. Éste era un militar mediano, que había tenido contacto con Hidalgo, y por lo tanto heredaba su pensamiento jurídico y legislativo. Rayón y Morelos se admiraban mutuamente, pero desde un principio comenzaron a tener dificultades al compartir el mando, estas diferencias con el tiempo debilitaron al movimiento. Por un lado, Morelos era proclive a la independencia total de España, mientras que Rayón a ser independientes, hasta el regreso de Fernando VII al trono de España.

Morelos a pesar de ser un hombre vigoroso, tenía que velar por múltiples intereses y dado lo avanzado de su edad —pronto cumpliría cincuenta años— sobreponerse y demostrar una energía increíble. El humor de Morelos se puede ejemplificar en la siguiente anécdota: Un día recibió una nota de Rayón, en la cual éste le participaba que tenía noticias fidedignas de que, entre las personas de la particular confianza del caudillo, había uno cuyo nombre ignoraba el autor del aviso, pero cuyas señas eran ser un hombre grueso, barrigón, quien tenía ofrecido entregarlo al virrey. Morelos se contentó con escribir por respuesta:

Aquí no hay más barrigón que yo, no obstante que mis enfermedades me han desbastado.

Segunda campaña

Las primeras contiendas de la nueva campaña, fueron las tomas de Tlapa y de Chautla e Izúcar. En esta última ciudad fue donde se le unió el cura de Jantetelco, Mariano Matamoros, quien se revelaría como un estratega militar de altos vuelos. Don Mariano Matamoros, hombre inteligente y digno representante de la causa.

Aquí se libró una feroz batalla al intentar las fuerzas realistas reconquistar la ciudad. El precio del combate fue de centenares de muertos, aunque el triunfo se decidió a favor de los insurgentes. En este lugar pudo decidirse la causa pues Morelos pudo atacar a la ciudad de Puebla, pero su instinto militar lo detuvo, para vencer a esta gran ciudad se necesitaban destacamentos bien disciplinados, los que no había en las filás insurgentes.

De Izúcar, las fuerzas insurrectas pasaron a ocupar Taxco, de esta ciudad se dirigieron al Valle de Toluca, pues las fuerzas insurgentes que había comandado Hidalgo se batían desorganizadas contra el ejército realista.

Pero Morelos no fue al mando de las tropas, sino que envió Galeana. La suerte de los combates entre realistas e insurgentes al mando de Galeana, no se determinó en seguida. Tuvo que acudir Morelos el 22 de enero de 1812, y en Tenancingo inició el asalto que duró un día, la batalla se inclinó a favor de los insurgentes. Morelos regresó a Cuautla, ocupando a su paso Cuernavaca y las haciendas vecinas, entrando en aquella población el 9 de febrero de 1812. Se ha comentado mucho que, estando Morelos en Tenancingo y habiendo ganado la batalla y teniendo al enemigo disperso, no se haya dirigido a Toluca para tomar esta ciudad. Puede ser que al igual que con la ciudad de Puebla, no se sentía seguro de tomar una ciudad tan importante.

Para estas fechas, las fuerzas de Morelos habían logrado bloquear, o paralizar parcialmente las comunicaciones de la ciudad de México, con las provincias del oeste, del sur y del este. Los únicos caminos relativamente libres aún eran los de Toluca y Texcoco. Las avanzadas insurgentes llegaban hasta las garitas de la ciudad, y las comunicaciones con Valladolid, Puebla y Tlaxcala se hacían también con grandes dificultades. Oaxaca tenía todas sus provincias ocupadas por insurgentes. En Acapulco no se podía descargar la Nao de China ni introducir sus mercancías, que sólo por derechos de importación significaban al gobierno un millón de pesos.

Así, el ejército del sur había vencido prácticamente contra las huestes realistas en los territorios mencionados. Sólo quedaba el ejército del centro, comandado por el general Calleja. Sin embargo, éste militar nunca estuvo a la altura de Morelos. Calleja frente al caudillo del sur era en el arte de la guerra lo que un artesano lento y tosco frente al artista de concepciones rápidas y geniales.

Además de estas fuerzas realistas del centro, vinieron a incorporarse al ejército realista tropas recién llegadas de la península. Estos españoles daban buena apariencia a los realistas, ya que habían luchado contra las fuerzas del mismísimo Napoleón. De esta forma, pronto corrieron rumores de que un gran ejército realista se aprestaba a combatir a las fuerzas insurgentes.

Morelos decidió hacerles frente en la ciudad de Cuautla, sabía el caudillo independiente que todas las tropas realistas disponibles iban a caer sobre él, y decidió arrastrar el trance formidable en la única forma que lo permitían sus recursos militares. Su ejército no estaba completamente disciplinado ni bien armado y por ello no podía presentar combate en campo abierto, ni mucho menos tomar francamente la ofensiva contra Calleja. Tenía que compensar las deficiencias de su organización con las ventajas de una posición favorable. Al elegir Cuautla obró con acierto y a poco estuvo de obtener el triunfo.

Era fácil desde la ciudad de Cuautla ir a las haciendas próximas a abastecerse. El clima era benigno para los insurgentes, surianos acostumbrados al calor, pero era temible para los soldados realistas, reclutados en la Mesa Central. La ciudad, aunque sin protecciones naturales se encontraba situada en un bajío llano, elevado en relación con las llanuras que lo rodean, y domina toda la región sin ser dominada por ningún punto.

Las tropas de Morelos, formadas por las brigadas de Galeana, Bravo y Matamoros, constaban de 1,000 infantes y 2,000 hombres de caballería, que hicieron sus servicios, cuando fue necesario, a pie dejando los caballos fuera del pueblo en lugar seguro.

El 18 de febrero de 1812 Calleja comenzó a moverse de su campamento de Pasulco, abandonando cautelosamente la población, caminó 29 kilómetros hasta llegar a 2 km y medio de Cuautla, buscando el lugar propicio para intentar el asalto, que creía de éxito infalible.

Los insurgentes advirtieron la maniobra y Morelos en persona salió con la caballería para atacar la retaguardia realista; fue un ataqué aventurado pues el general

Morelos se vio acosado por innumerables realistas que estaban prestos a atraparlo. Es aquí en donde Galeana se convirtió en el héroe de la ocasión al atacar por sorpresa con sus dragones el punto en que estaba en peligro Morelos, lográndolo salvar del percance.

Al día siguiente se realizó el asalto por parte de los realistas. La defensa de los insurgentes fue digna. Por todas partes se resistió el asalto de tal manera que los realistas se vieron precisados a retirarse. El triunfo enardeció los ánimos de los defensores, que inclusive pensaron atacar a las numerosísimas tropas realistas. Aunque el valor de Morelos era suficiente para emprender tal hazaña, su instinto militar igualaba su valor y acertadamente resolvió no moverse de sus trincheras, sin intentar un imposible combate a campo raso.

La táctica de los realistas se modificó: Calleja pensó que si sitiaba a Cuautla los insurgentes no tendrían ocasión de resistir demasiado sin víveres por lo que dispuso el cerco de la ciudad, para aniquilarla poco a poco.

Los insurgentes contaban con las fuerzas de Vicente Guerrero que no habían acampado en Cuautla para resolver el problema del aprovisionamiento de víveres. Sin embargo, fue poco lo que pudo lograr, pues el cerco estuvo tan bien constituido que por ningún lado pasaban las partidas insurgentes al interior de Cuautla.

El tiempo fue pasando y los víveres y energías por ambos bandos se iban agotando. El calor hacía estragos en las huestes realistas y Morelos tuvo la genial decisión de aguardar lo más posible hasta que llegara la época de lluvia para no dar alternativas al enemigo, con material de guerra pesado.

El 23 de marzo 1812, Morelos exhortó por escrito a los criollos realistas.

> Sabed que la soberanía, cuando faltan los reyes, sólo reside en la Nación. Sabed también que toda Nación es libre y está autorizada para formar la clase de gobierno que le convenga y no ser esclava de otra.

De ser como lo pensaba Morelos, la guerra de Independencia se hubiera inclinado a favor de los insurrectos. El ejército de Calleja era el más fuerte y el único que podía atacar a Morelos. Deshechas estas fuerzas, el camino hacia la ciudad de México estaba libre.

Desgraciadamente, no entraron víveres y la estación de aguas se retrasó ese año de un modo anormal. No obstante, el ánimo dentro de las tropas insurgentes siempre se mantuvo alto, gracias a la imagen que les proyectaban sus superiores.

A pesar del hambre y la sed el ejercito sitiado cantaba:

Rema, ranita, rema,
rema y vamos remando
que los gachupines vienen
y nos vienen alcanzando.
Por un cabo doy dos reales
por un sargento, un doblón;
por mi general Morelos
mi corazón.

El mismo Calleja escribía:

> Si la constancia y actitud de los defensores de Cuautla fuese con moralidad y dirigida a una causa justa, merecerían algún día un lugar distinguido en la historia.

Durante este sitio Morelos llegó a alcanzar un grado increíble de popularidad entre su ejército. De manera sorprendente los insurgentes no temían morir, pues se decía que Morelos tenía la capacidad de revivirlos. Gracias a un fanatismo de este tipo fue como lograron sobreponerse a los estragos físicos y morales del asedio.

El hambre era tal que se llegaron a comer hasta la última sabandija que había, arrancaron los forros de cuero de las puertas, etcétera.

En las tropas realistas sucedía algo parecido y el horror del hambre y de las enfermedades producidas por el hacinamiento hacían presas muy seguido.

Más, llegó el momento definitivo para los sitiados y Morelos ordenó que se rompiera el cerco. Sus tropas salieron el 2 de mayo de 1812, en la madrugada, en las propias narices de los realistas. Hubo un momento en que sonó un disparo, luego otro y la balacera se generalizó.

Los realistas atacaron la retaguardia de las fuerzas populares, en su mayoría compuesta por niños, mujeres y hombres desarmados. Todos querían seguir a Morelos.

El ejército insurgente se vio desbandado entre el fuego realista y lo abrupto del terreno. El mismo Morelos estuvo a punto de caer en manos de sus enemigos.

A pesar de todos estos estragos, la fama de Morelos creció al soportar un sitio durante setenta y dos días y al más temible cuerpo de militares realistas.

De esta manera se cierra la segunda campaña de Morelos.

Tercera campaña

Después de salir del cerco de Cuautla, las tropas insurgentes estaban débiles, parecían condenadas a dispersarse para siempre. Empero, al poco tiempo volvió a saberse de actos de guerra por parte de los insurgentes. Un mes después de la salida de Cuautla, Morelos ya contaba con 800 hombres.

El primero de junio 1812, repuestos y organizados, los batallones de Morelos iniciaron su tercera campaña en Chiautla, municipio actual del estado de Puebla. En ese mes el día 28, Morelos recibió de la Junta de Zitácuaro el grado de capitán general.

En Tecpán y Ayutla se dieron los primeros combates posteriores al sitio, estando la fortuna del lado de los rebeldes. En Huajuapan se logra también una victoria a favor de Morelos. El jefe insurgente vuelve a capturar elementos bélicos importantes, mientras el enemigo se retira a Oaxaca. Se ha reprochado a Morelos el no haber atacado inmediatamente la ciudad de Oaxaca, después que el enemigo se batía en retirada. Pero lo más seguro es que al igual que las otras ciudades importantes, Morelos no confiaba en su contingente bélico y esperaba con instinto militar el momento oportuno para hacerlo. Y así fue de hecho, pues al poco tiempo conquistaría esta ciudad.

De Huajuapan partieron los insurgentes rumbo a Tehuacán, entrando en esta ciudad el 10 de agosto de 1812 con 3,600 hombres. Mientras tanto el cura Matamoros organizaba nuevos contingentes en Izúcar.

Tehuacán resultó ser una buena ciudad para establecer al ejército insurgente. Desde ahí se amenazaba la ciudad de Oaxaca al norte y al poniente se dominaba Puebla y también el camino a Veracruz; al oriente quedaba libre el camino sobre Orizaba de gran importancia por los depósitos de tabacos, que eran para el gobierno una magnífica fuente de ingresos. Con buen clima y gente adicta, Morelos sólo tenía que pensar en el próximo ataque, el que se produjo entre las fuerzas de Bravo y del realista Juan Labaqui. La victoria se inclinó a favor del insurgente Bravo.

Al poco tiempo, Morelos salió en una incursión al mando de sus hombres para recobrar cien barras de plata que había logrado tomar Osorno, hombre que luchaba por su cuenta a favor de la Independencia. Al regreso a Tehuacán se produjo una contienda entre los insurgentes y los realistas, saliendo vencedor Morelos quien se retiró hacia Tehuacán.

De aquí partió hacia Orizaba para conquistar esa ciudad. Ahí encontró resistencia, la que después de un fragoroso combate fue vencida.

Al ocupar Orizaba, Morelos no pensaba en dominarla definitivamente, sino más bien perjudicar al gobierno virreinal, destruyendo los tabacos almacenados en dicha población, lo que significaba una gran pérdida. Así lo puso en práctica Morelos, y, una vez cumplido su propósito, abandonó la población, dirigiéndose a su cuartel general en Tehuacán.

El 2 de noviembre 1812, Morelos escribió a Ignacio López Rayón sobre el nombramiento de un quinto vocal en la Junta, subrayándole que ya es tiempo de quitarle la máscara a la independencia, bajo el nombre de Fernando VII.

El ataque a Orizaba alarmó tanto a los realistas que, apenas les fue conocido, les obligó a reunir un cuerpo de tropas destinado exclusivamente a cortar a Morelos su comunicación con Tehuacán, tan numeroso, que casi comprendía todo el llamado ejercito del centro.

Los dos ejércitos se encontraron en las cumbres de Acultzingo, en un combate desigual. Ante la mayoría aplastante de los realistas, Morelos tuvo que ordenar la retirada. Llegó a Tehuacán y de allí partió rumbo a Oaxaca con 5,000 hombres y 40 piezas de artillería. Por este tiempo, nombró a Galeana y a Matamoros mariscales. Además, concedió a Matamoros el grado de segundo, declinando hacerlo en el valeroso don Hermenegildo, pues éste no sabía leer. Los realistas ignoraban el rumbo que pensaba tomar Morelos, y se dedicaron a ocupar las desarmadas plazas de Tehuacán y de Izúcar, creyendo tomar gran ventaja sobre los independientes, mientras éstos caminaban ya sobre Oaxaca, llegando a esa ciudad el 25 de noviembre de 1812.

Apenas llegó, lanzó una intimación perentoria para que la ciudad se rindiera a discreción en el término de cuatro horas. Pasó el plazo y la ciudad no se rindió. Entonces Morelos, al mando de los insurgentes cargó sobre la ciudad. Al poco tiempo, gracias al arrojo de sus hombres, el caudillo logró tomar Oaxaca. Con esta conquista se cierra la tercera campaña de Morelos.

El 29 de enero 1813, en Oaxaca, Morelos promulgó importantes disposiciones de carácter social.

> No se consentirá el vicio en esta América Septentrional. Todos debemos trabajar en el destino que cada cual fuera útil, para comer el pan con el sudor de nuestro rostro y evitar

> los incalculables males que acarrea la ociosidad. Las mujeres deben ocuparse en sus hacendosos y honestos destinos, los eclesiásticos en el cuidado de las almas, los labradores, durante la guerra, en todo lo preciso de la agricultura, los artesanos en lo de primera necesidad, y todo el resto de los hombres se destinarán a las armas y gobierno político.

Es de notar que, debido a la dificultad de las comunicaciones en ese entonces, las noticias corrieron demasiado despacio. Por ello, Morelos pensó durante toda su lucha que el rey Fernando VII era prisionero de los franceses y que éstos ocupaban Cádiz.

La toma de Oaxaca aumentó de un golpe el territorio dominado por los independientes, en forma, que la Nueva España pareció dividirse en dos grandes porciones, con autoridades distintas. Morelos y los otros jefes insurgentes eran obedecidos; recaudaban impuestos; organizaban tropas; nombraban funcionarios y empleados civiles, militares eclesiásticos, y cumplían, en fin, todas las funciones de un gobierno en la región formada por el centro y sur de Veracruz, con la excepción del puerto del mismo nombre, toda la provincia de Oaxaca, hasta la frontera con Guatemala; las Mixtecas; la provincia de Michoacán hasta Colima, con excepción de Acapulco gran parte de las provincias de Puebla y México, y parcialmente los valles de

Cuernavaca, Cuautla y Toluca. El virrey dominaba todo el resto del país, pero sus tropas estaban incapacitadas para emprender operaciones militares contra los insurgentes por entonces.

Morelos resistió la tentación de avanzar sobre la ciudad de México que habría sido posible atacar, aprovechando las ventajas de la posición y los recursos y tropas obtenidas en Oaxaca. Después de algunas vacilaciones, provocadas por los avisos de sus partidarios residentes en México y en Tlaxcala, que le ofrecían apoyo eficaz si se presentaba frente a dichas ciudades, decidió al fin dirigirse sobre Acapulco.

Cuarta campaña

La toma de Oaxaca y los trabajos de organización y completo dominio de las regiones vecinas detuvieron a Morelos hasta el 9 de febrero 1813, día que emprendió la marcha hacia Acapulco. La decisión de encaminar en tal sentido las operaciones militares se tiene generalmente como el principio y la causa de su decadencia y de sus desastres posteriores y aun se juzga por algunos como un error tan grande, que ese solo hecho basta para nublar su prestigio. Es indudable que el asedio y toma de Acapulco, realizados con aparente facilidad, inician en la carrera del héroe el declive hacia la ruina total, pero no pueden tenerse como la causa única de los reveses posteriores.

Puede ser que influyeran en su ánimo dos impulsos de orden moral: su amor propio, ofendido por la obstinada resistencia del puerto. El recuerdo de Hidalgo, que, al nombrarlo su lugarteniente en el sur, lo comisionó de un modo especial para que se hiciera dueño de la plaza de Acapulco, protegida por la fortaleza de San Diego.

El día 6 de abril de 1813, inició Morelos sus operaciones de ataque, disponía de 1,500 hombres y muy escasa artillería, sin una sola pieza de sitio.

Posteriormente al ataque de puerto y al fuerte, con artillería ligera que bombardeaba las posiciones realistas, dispuso Morelos el asalto que se verificó en la noche, con éxito, favorecido por el abandono del baluarte del hospital, que era uno de los puntos mejor fortificados.

Morelos ocupó con sus tropas la población y mandó quemar las casas próximas al castillo, con lo cual no quedó a los sitiados más comunicación que la del mar para reaprovisionarse de víveres.

El tiempo fue pasando y tanto sitiados como sitiadores comenzaban ya a sufrir las consecuencias de un asedio tan prolongado, en un clima tan caluroso y en la más dura estación del año. Además, Morelos necesitaba acudir a Chilpancingo para ocuparse en los trabajos políticos, que le requerían por ser el más alto mando de la insurrección.

Morelos decidió delegar el mando en Galeana para ausentarse, pero su buen subordinado le pidió que se quedase por ser el caudillo una fuerza que inspiraba aliento en las tropas.

Morelos se quedó, y el 17 de agosto 1813 ordenó el asalto al Castillo con el resultado de que dicha fortaleza quedo sitiada por completo, aun por el mar. El cerco se había completado. Morelos instó a los sitiados a rendirse, ofreciéndoles plenas garantías sobre su vida. Los sitiados no aceptaron y prefirieron permanecer en sus puestos. Por fin, el 20 de agosto, después de días agobiantes para los realistas, éstos decidieron rendirse a Morelos. Así, la causa insurgente sumó un triunfo más a las ya largas victorias del caudillo del sur.

Desde el punto de vista estratégico, el triunfo fue solo parcial, ya que dio oportunidad a que, durante el largo sitio los realistas en el centro del país, tuvieran tiempo suficiente para organizar sus tropas y disponerlas de tal modo que repelieran los ataques en las zonas más vulnerables.

Además, un hecho importante aconteció en la capital de la nueva España, el 4 de marzo de 1813 fue Calleja nombrado virrey de la Nueva España, ante la huida de Venegas de la capital. Mientras tanto en España, en la primavera de ese año, Fernando VII era liberado y retomaba el trono de España.

El nuevo virrey dispuso que en adelante no se mandaran más tropas a combatir a Morelos, sino que se fortificaran las defensas para repeler sus ataques.

Así, visto desde el punto de vista militar, el asedio y

toma de Acapulco fue un fracaso, al atacarlo Morelos con elementos que no podían dar un triunfo rápido, y que, al lograrlo en siete meses, dio un tiempo precioso a los realistas para su reorganización.

Con la toma de Acapulco termina la cuarta campaña.

La Junta de Zitácuaro, el más alto cuerpo legislativo de los insurgentes, no estaba capacitada para formar un sólido centro de acción y obligó a Morelos a pensar en la organización definitiva de un gobierno nacional.

El caudillo trató de reunir a todos los vocales de la Junta, y al efecto señaló fecha para acudir a Chilpancingo como lugar de cita. Rayón mostró pocos deseos de concurrir al emplazamiento, y al fin Morelos se decidió por formar un Congreso.

El Congreso de Chilpancingo se inauguró, el 14 de septiembre 1813. Morelos dio el discurso inaugural y su secretario, Juan Nepomuceno Rosáins, leyó los Sentimientos de la Nación, de los que destacan los siguientes postulados:

> 1.- Que la América es libre e independiente de España y de toda otra Nación, Gobierno o Monarquía, y que así se sancione dando al mundo las razones.

5.- Que la Soberanía dimana inmediatamente del pueblo, el que sólo quiere depositarla en el Supremo Congreso Nacional Americano, compuesto de representantes de las provincias en igualdad de números.

6- Que los Poderes Legislativo, Ejecutivo y Judicial estén divididos en los cuerpos compatibles para ejercerlos.

12- Que como la buena ley es superior a todo hombre, las que dicte nuestro Congreso deben ser tales, que obliguen a constancia y patriotismo, moderen la opulencia y la indigencia, y de tal suerte se aumente el jornal del pobre, que mejore sus costumbres, alejando la ignorancia, la rapiña y el hurto.

13- Que las leyes generales comprendan a todos, sin excepción de cuerpos privilegiados; y que éstos sólo lo sean en cuanto al uso de su ministerio.

14- Que para dictar una ley se haga junta de sabios en el número posible, para que proceda con más acierto y exonere de algunos cargos que pudieran resultarles.

15- Que la esclavitud se proscriba para siempre y lo mismo la distinción de castas, quedando todos iguales, y sólo distinguirá a un americano de otro el vicio y la virtud.

17- Que a cada uno se le guarden sus propiedades y respete en su casa como en un asilo sagrado, señalando penas a los infractores.

23- Que igualmente se solemnice el día 16 de septiembre todos los años, como el día aniversario en que se levantó la voz de la Independencia y nuestra santa Libertad comenzó pues en ese día fue en el que se desplegaron los labios de la Nación

> para reclamar sus derechos con espada en mano para ser oída; recordando siempre el mérito del grande héroe, el señor Don Miguel Hidalgo y su compañero Don Ignacio Allende.

Es necesario aclarar, que estos sentimientos de la nación interpretados por Morelos. reflejaban la influencia de las constituciones de tendencias liberales y democráticas; sus antecedentes eran la Constitución española de 1812, inspiraba a su vez, en los principios de la Revolución Francesa y de la Constitución de los Estados Unidos.

Esto significa también que la dirección marcada para el Congreso insurgente era principalmente de carácter individualista y burgués, como se demuestra por la declaración expresa de respeto a la propiedad y del domicilio de los ciudadanos. Y los sentimientos personales de Morelos estarían representados por la ilusión de mejorar los salarios, disminuir los tributos que recaían directamente sobre el pueblo y echar la carga de los gastos públicos sobre la clase que monopolizaba la riqueza.

Morelos trató de relacionar la nueva nacionalidad con su ascendencia indígena. A menudo habla en sus escritos de "reconquista" como desean el sentimiento de una raza y de una clase oprimida.

En la revolución de independencia, lo mismo que

en los movimientos que más tarde siguen la misma trayectoria, la presencia del indio se impone en primer lugar porque su contribución de sangre fue la base de la actividad militar y se mantiene porque los partidos militantes o los doctrinarios toman cada uno de los dos extremos como bandera de lucha.

El Congreso tuvo pues que cumplir con los deseos de su iniciador, desenmascarando a la revolución y constituyendo de un modo formal la personalidad de la nación.

Una vez instalado el Congreso confió a Morelos el cargo de generalísimo y depositario del Poder Ejecutivo. Morelos nunca estuvo dispuesto a ostentar semejante título y prefirió siempre que lo llamaran el ***Siervo de la Nación.***

El 5 de octubre 1813, en esta ciudad, Morelos decretó nuevamente la abolición de la esclavitud y unos días más tarde, el 6 de noviembre, el Congreso expidió el Acta Solemne de la Declaración de Independencia de la América Septentrional y decretó el restablecimiento de la Compañía de Jesús.

Morelos después de hacerse cargo del supremo mando militar y una vez compartido el poder político con el Congreso, comenzó a preparar las operaciones guerreras.

Quinta campaña

Morelos salió de Chilpancingo el 7 de noviembre 1813, para iniciar la desgraciada quinta campaña.

Calleja sólo esperaba el avance de su enemigo para desarrollar sus planes, contando con resistir en el punto que atacara Morelos, al mismo tiempo que acometer los lugares que el ejército insurgente dejara libres y así recuperar la región independiente.

Morelos disimuló sus intenciones con maniobras tan hábiles, que por algún tiempo el virrey estuvo indeciso y sin saber a ciencia cierta por donde atacaría, y cuando al fin pudo conocer el objetivo de Morelos, fue porque ya los insurgentes marchaban directamente hacia Valladolid, apenas tuvo tiempo para auxiliar a la ciudad amenazada. Después de varias maniobras, los jefes insurgentes se reunieron frente a Valladolid el 22 de diciembre 1813.

Calleja, por su parte, había mandado reunir sus refuerzos en Acámbaro con tropas del bajío, mandadas por el coronel Iturbide, y formar, ya unidos, el que debía llamarse ejército del norte.

El día 23 de diciembre pidió Morelos la rendición de la plaza y preparaba el ataque dictando algunas disposiciones, entre las cuales llama la atención, por lo inexplicable, la que ordenó a los asaltantes, de pintarse de negro la cara y las manos. Por órdenes de Morelos ese día se inició el asalto y bajo la dirección inmediata de Matamoros, parecía conducir al éxito definitivo, por el triunfo parcial de Galeana y Bravo, que ocuparon la garita de Zapote, con lo mejor de las tropas insurgentes, auxiliados indirectamente por Morelos, quien atrajo a los sitiados con un falso ataque por otro lugar.

La llegada de los refuerzos realistas cambió el aspecto de la acción, y el importante punto del Zapote fue perdido, recuperado y vuelto a perder, con graves daños para los insurgentes, mientras que el ejército del norte entraba íntegro en Valladolid con alegría de sus defensores, ya próximos a sucumbir.

La noche del día siguiente trajo para Morelos un suceso que cortaría su carrera militar del modo más imprevisto. Designado el coronel Iturbide para practicar un reconocimiento, se acercó a sus enemigos, amparado por la obscuridad, con una fuerza que no llegaba a 400 hombres, formada por batallones de la Corona. Sin atenerse a las órdenes recibidas, concibió Iturbide un golpe de audacia, y decidió sorprender a los insurgentes en su mismo campamento de las lomas de Santa

Marra, sin que lo detuvieran los obstáculos naturales, ni la deficiencia del número de hombres, ni los 26 cañones que defendían el campo enemigo. Con rapidez fulminante, cada caballo con un jinete y un infante a la grupa, ascendió Iturbide hacia la cima fortificada y cayó sobre los insurgentes

El valor de los realistas, las sombras nocturnas, la sorpresa, la confusión, el atrevimiento y la temeridad, todo se reunió contra las tropas de Morelos, que combatieron entre ellas mismas, y a pesar de los esfuerzos que para detenerlas y ordenarlas hicieron los principales jefes, abandonaron al fin sus posiciones en completa dispersión. A Morelos se le acusa de haber huido al principio de la acción, y aunque no es posible conocer clara y precisamente los detalles de un trance tan violento, parece indudable que el generalísimo se retiró del campo con los primeros fugitivos, y tan cerca lo tuvieron los realistas, que estuvo muy próximo a caer muerto o prisionero.

De esta manera, terminó prácticamente la cuarta campaña apenas comenzada, pues el siguiente combate en Puruarán, donde los insurgentes ofrecieron resistencia por última vez, sólo fue la iniciación de la batalla y se resolvió en una nueva y formidable derrota.

No podía ser de otra manera, pues el descalabro de Valladolid, la sorpresa de las Lomas de Santa María, la activa persecución de Iturbide, la dispersión y el pánico, tenían que debilitar a los insurgentes hasta hacerlos incapaces de medirse con los enardecidos y triunfantes realistas.

La caída

Después de las batallas de Santa María y Puruarán, el valor personal de Morelos tiene auténticas comprobaciones, y sólo un desfallecimiento o un eclipse de su energía, una debilidad propia de todo ser humano podría explicarnos esta actitud del caudillo. El fracaso fue completo y sin gloria. Las tropas reunidas con tanto trabajo, en violenta dispersión; el material de guerra tan lenta y laboriosamente acumulado perdido; los jefes y soldados realistas, impetuosos y fortalecidos por la rápida victoria, y como desgracia máxima, Matamoros prisionero y destinado inexorablemente al cadalso. En vano ofreció Morelos al virrey, para salvar a su heroico lugarteniente, entregar en canje más de 200 prisioneros españoles. A pesar de esto Matamoros fue fusilado en Valladolid, después de un juicio sumario el 3 de febrero de 1814.

Las consecuencias militares fueron tan terribles, que la Revolución de Independencia pareció finalizar con un espantoso fracaso, y así lo llegaron a creer con justicia el virrey y los amigos de la dominación española.

El resto de la carrera militar de Morelos no solo se

vio eclipsada, sino que el caudillo se dedicó a huir del especial encarnizamiento con que lo perseguían los realistas. Oaxaca y Acapulco fueron recuperados por éstos. Morelos con sólo 100 hombres de su escolta personal, huía.

Morelos por otra parte tenía problemas con la Junta de Zitácuaro y especialmente con Rayón. En realidad, nunca estuvieron de acuerdo estos dos jefes de la independencia. Rayón pretendía nombrar jefes de acuerdo con su muy particular punto de vista, jefes que nunca fueron gratos para la gente ni para el propio Morelos, quien siempre insistía en destituir a los cabecillas nombrados por Rayón. La verdad es que Rayón nunca estuvo a la altura de Morelos. En el plano militar, que era donde realmente se decidían las cosas. Rayón era sólo un hombre mediano.

En el plano jurídico y legislativo, Rayón propuso una constitución en la que reconocía a Fernando VII como monarca de los mexicanos, de la misma manera que lo había expresado Hidalgo al principio de la guerra. Sin embargo, Morelos no pensaba de la misma forma; para él, como para muchísimos insurgentes más, la independencia significaba la completa ruptura con España y su rey. Estas dos posiciones diferentes llevaron a tal punto la querella, que nunca se promulgó una constitución que se aceptase. Empero, Rayón tuvo que ceder siempre ante la voluntad de hierro de Morelos.

El conflicto entre estos dos jefes tiene una importancia de fondo, más grave que los deseos personales de los dos jefes para asegurarse el predominio. La tendencia de Rayón, manifestada en su empeño por derivar su autoridad en Fernando VII, creando un organismo semejante a los que se formaron en España, buscaba neutralizar la posición de los elementos hispanizantes en México, como un antecedente de lo que serían más tarde los partidos moderados o el mismo partido conservador. Tal vez su dirección política fuera la más adecuada para obtener un éxito inmediato, aunque fuera parcial y de transacción como Iturbide lo alcanzó más tarde. En tanto, Morelos, aunque deseaba también seguramente afianzar su poder, sobre todo en el aspecto militar y de alta política, representaba ya la tendencia radical, todavía incierta en algunos puntos, pero con formidable energía. Rayón apuntaba indirectamente hacia una especie de gobierno monárquico, templado por la presencia de un protector, es decir, de Fernando VII. Un protector que "reinara sin gobernar". Morelos le descubrió este punto débil y propuso que el cargo de protector se multiplicara y así, se redujera a polvo.

Los desastres militares, reanimaron las querellas intestinas de los jefes insurgentes, acalladas hasta entonces por la autoridad y el ejemplo de Morelos. Los odios personales, las envidias, las rivalidades se encendieron entre los miembros del Congreso, y las malas voluntades se enderezaron contra el generalísimo, como la cabeza más alta. Con ello vino la caída del Morelos. Es cierto que su situación militar era precaria, porque había perdido casi todos sus elementos materiales, le faltaba el auxilio de Matamoros y su prestigio se había nublado por la desgraciada campaña, que, al iniciarse apenas, lo dejaba casi aniquilado.

Comenzó a decaer también la vida de Morelos. Su actividad parecía extinguirse, y así, sin más tropas que los cincuenta pares de su escolta, recorrió las regiones del sur, pasó algún tiempo en Acapulco y se estableció en Atijo. Se unió a su peregrinar el Congreso. Otro gran desastre sucedió durante este tiempo. Don Hermenegildo Galeana cayó en un combate. Este hecho impresionó duramente a don José María. Cuando supo la muerte de Galeana se abatió mucho y exclamó lleno de tristeza:

— ¡Se acabaron mis brazos! ¡Ya no soy nada!

A Matamoros, por su inteligencia, lo consideraba como

su brazo derecho y a don Hermenegildo, por su valor, su brazo izquierdo.

Era la patria mexicana, la república nueva y no la colonia humilde de la que iniciaba su vida propia cortando viejas ligaduras políticas y sociales. En este sentido, Morelos puede considerarse como el revolucionario más adelantado, profundo y audaz. Ni la misma consumación de la Independencia realizó sus ideales de un modo completo, y aun las generaciones contemporáneas tiene todavía mucho que destruir y que reconstruir, de acuerdo con los inmensos proyectos del gran guerrero.

El temperamento de Morelos fue de excepción entre las gentes de su medio. Ninguno de sus generales se le parece, ni la historia de México cuenta con otra figura semejante. La valentía serena, la crueldad meditada, la astucia silenciosa, la actividad física y mental, los conceptos originales, son rasgos que están lejos de reunir Galeana, Bravo o Matamoros.

Nunca tuvo la ceguera del furor religioso; pero, aunque la Institución lo sentenciara como apóstata y hereje, su fe resistió a la constitución de la iglesia de su tiempo.

Fue casi un cristiano primitivo, que adoraba a Jesús y temía a Dios, sin complicar sus creencias con todos los distingos y los ritos formales de la iglesia romana. Celebró y dijo misa, a pesar de sentirse irregular; quemó los edictos de la Inquisición; hizo cartuchos con los papeles que le maldecían en nombre de Dios; discutió soberbiamente con el obispo que fulminó sobre su cabeza los rayos de la excomunión; despreció la bola de la Santa Cruzada; tuvo hijos sacrílegos y, a pesar de todo, su fe ingenua no lo abandonó jamás. Al confesarse antes de entrar en batalla, desafiando entonces la muerte con la serenidad de un espíritu puro que no teme aparecer al momento ante Dios, demostró con actos la integridad y la sencillez de su fe.

Después de peregrinar por diferentes lugares del sur de la Nueva España, los representantes del Congreso, decidieron por fin trasladar los poderes a Tehuacán. Tal vez influyó Morelos para esta decisión, en recuerdo de su brillante tercera campaña.

El mando militar de la expedición, así como la dirección fueron confiados a Morelos. No podía contarse con reunir un núcleo de tropa suficiente para garantizar a la columna expedicionaria de un ataque realista. Los 200 hombres que habitualmente servían de escolta al Congreso, unidos a los grupos insurgentes que Morelos pudo reclutar, que apenas sumaban 1,000 hombres con

500 fusiles no estaban en condiciones de abrirse paso por la fuerza entre los destacamentos enemigos, amparados por sus fortificaciones y bien organizados. La anarquía revolucionaria, que en todas ocasiones fue para Morelos un grave obstáculo, hizo que otros auxilios que esperaba allegarse no se presentaran, a pesar de sus órdenes. De los jefes insurgentes, a quienes llamó para que lo sostuvieran y reforzaran sólo acudieron como elementos de relativa importancia don Nicolás Bravo y Lobato.

Guerrero no cumplió oportunamente las disposiciones de Morelos, sin que se pueda decidir si lo hizo por imposibilitado por negligencia. El viaje del Congreso estaba destinado al fracaso, el hecho de que el mismo virrey tuviera conocimiento oportunamente del proyectado viaje a Tehuacán lo demuestra.

La oportunidad de capturar al Congreso y a su líder y terminar de una vez con el foco de la rebelión, que tenían los realistas era única.

Morelos logró en un principio despistar a sus perseguidores. El 28 de septiembre 1815 salió de Uruapan rumbo a Tehuacán, custodiando al Congreso. Salió con toda su columna y los jefes realistas no acertaban a saber si tomaría el camino de la provincia de Puebla o por el valle de Temascaltepec, o por las regiones de Taxco y Cuernavaca, o siguiendo las orillas del río Mezcala.

Por fin, un día los realistas que vigilaban la avanzada de la marcha tuvieron que descubrir el itinerario de los insurgentes. Al cruzar el río Mezcala se comprobó que Morelos estaba cercado. Aun así, logró escapar de sus perseguidores y siguió rumbo a Tehuacán.

Todo parecía indicar que la persecución estaba burlada y roto el cerco dispuesto por Calleja, con más de una jornada adelante, el río Mezcala de por medio, pero Morelos y sus hombres estaban exhaustos, por lo que decidieron acampar durante un día para descansar. Eso dio oportunidad a los realistas de acercarse y volver a establecer una peligrosa cercanía.

Concha, estaba al frente de los realistas y buscaba la oportunidad de hacerse merecedor a un ascenso, por lo que decidió emplear todas sus energías en la captura de los insurgentes. Al fin Morelos tuvo que aceptar un combate. Tenía necesidad de alejar por lo menos un poco a los perseguidores del Congreso, que en la primera oportunidad en que los españoles tuvieran que hacer alto, conseguirían ampliar el margen entre unos y otros. Morelos consideraba que no todo estaba perdido aún. Era posible cambiar la faz de la guerra y la suerte del país con un golpe favorable del azar, con alguna proeza de temeridad individual. Por ello aceptó el encuentro en una forma muy desventajosa para él.

La sección al mando de Nicolás Bravo resistió firme, pero la que estaba a las órdenes de Lobato se asustó y se dio a la fuga. Morelos, que se encontraba en medio de estas dos secciones no tuvo participación en la contienda, por el hecho de que los realistas se lanzaron sobre los extremos. La fuga cundió entre las fuerzas insurgentes en forma generalizada por lo que el mismo Morelos se vio en la necesidad de hacer lo propio.

En vano pretendió ocultarse entre las breñas. Al fin, el más grande enemigo de las tropas del rey, se vio solo, sin armas y a merced de un teniente de la compañía realista de Tepecoacuilco. El obscuro soldado, que sólo a esta ocasión debe la notoriedad se llamaba Matías Carrasco y era conocido por Morelos por haber militado antes a sus órdenes.

Con la misma serenidad que debía conservar hasta su hora suprema, Morelos vio acercarse a su aprehensor, diciendo tranquilamente:

—Señor Carrasco, parece que nos conocemos.

Posteriormente, una vez ya preso y siendo conducido a la

ciudad de México, un grupo de militares quiso conocer a Morelos.

Villasana, uno de ellos, se acercó al héroe y le dijo:

— Yo soy Villasana; pero dígame usted: ¿Si la suerte se hubiera feriado y me hubiera usted capturado a mí o al señor Concha?

Morelos respondió, como si quisiera provocar a la muerte, sólo incierta por la hora en que debía venir:

— Yo les doy dos horas para confesarse, y los fusilo.

—Pues las tropas del rey no son tan crueles, dan cuartel —pudo contestar Villasana— después de reponerse de la sorpresa que recibió con la respuesta de Morelos.

Antes de llegar a la ciudad de México, Morelos fue obligado a presenciar la ejecución de 26 de sus fieles seguidores tomados en la misma acción.

El 21 de noviembre entró Morelos por segunda vez a la ciudad de México, pero esta vez no para sustentar un examen, sino para ser juzgado.

Así terminaban su última expedición guerrera, sus últimos trabajos de soldado y de caudillo. Los individuos del gobierno in dependiente, representación teórica de la revolución, salvaron sus personas y su investidura, no para vivir y realizar la obra de la Independencia, sino para caer después en la vergüenza del indulto o en la impotencia de la disgregación y la incapacidad.

Los juicios y la muerte

En la capital virreinal, Morelos tuvo que ser sometido a dos juicios: el secular y el eclesiástico. Sin embargo, los dos juicios pueden considerarse como un mero formulismo si se atiende al hecho de que, desde su captura, el virrey y la iglesia ya habían dispuesto su muerte, a pesar de esto, Morelos fue sujeto a un martirio psicológico por parte de la Inquisición que lo hizo, renegar de sí mismo y de su obra. Ambos tribunales lo sentenciaron a la muerte. Se comisionó a Concha para la ejecución que debía verificarse en un lugar fuera de la ciudad de México.

El sitio elegido resultó ser San Cristóbal Ecatepec. Morelos permaneció firme hasta el último momento:

— ¿Señor Concha, sabe usted que esta iglesia no es tan ruin como yo creía?

—Señor Morelos; efectivamente, la iglesia es bonita.

—El terreno sí es demasiado árido; ya se ve: donde yo nací fue el jardín de la Nueva España.

Se paseaba Concha precipitado; llegaba hasta cerca de Morelos y se retiraba, arrepentido; por fin con una voz insegura, le dijo:

— ¿Sabe usted a qué ha venido aquí?

—No, a punto fijo, pero lo presumo. A morir. Los oficiales se estremecieron y quedaron pálidos.

— Tómese usted el tiempo que necesite.

—Compañeros, "antes fumaremos un puro", porque ésta es mi costumbre. Lo fumó despacio, siguió hablando con calma y dulzura tal que los oficiales no se atrevían a levantar los ojos, enjugándolos al descuido. Se encerró después con el vicario para prepararse a bien morir.

En este momento se oyó otro redoble.

—Hola —dijo Morelos—, a formar. No mortifiquemos más. Vamos, señor Concha; venga un abrazo.

¡Señor general!

—Nada de afligirse: será el último. Metió después los brazos en su "turca".

— ¡Bah! ¡Esta será mi mortaja! Aquí no ha y otra.

La escolta lo llevó a un pajar y ahí se formó el pelotón de fusilamiento.

Oyó Morelos la voz del oficial:

—Hínquenlo aquí.

Notó que la escolta se detenía, y él hizo lo mismo, preguntando:

— ¡Aquí me he de hincar?

—Sí, aquí —le respondió el padre del lugar—. Haga usted cuenta de que aquí fue nuestra redención. Morelos se puso de rodillas, presentando la espalda al pelotón, pues se había decidido fusilarlo de esta forma por considerarlo traidor a la monarquía.

A la voz de mando dispararon cuatro soldados; pero la descarga dejó aún vida en Morelos, que se agitaba, atravesado por los proyectiles, y todavía pudo quejarse, tal vez ofreciendo como rescate espiritual sus tremendos sufrimientos finales.

Cuatro nuevos disparos cayeron sobre el cuerpo ya tendido, y acabaron hasta con los quejidos confusos y los estremecimientos.

Así terminó la vida de uno de los más grandes próceres que ha tenido la patria mexicana.

SENTIMIENTOS DE LA NACIÓN

1.-Que la América es libre e independiente de España y de toda otra Nación, Gobierno o Monarquía, y que así se sancione dando al mundo las razones.

2.-Que la religión católica sea la única sin tolerancia de otra.

3.-Que todos sus ministros se sustenten de todos y solos los diezmos y primicias, y el pueblo no tenga que pagar más obvenciones que las de su devoción y ofrenda.

4.-Que el dogma sea sostenido por la jerarquía de la Iglesia, que son el Papa, los obispos y los curas, porque se debe arrancar toda planta que Dios no plantó: omnis plantatis quam non plantabit Pater meus Celestis cradicabitur. Mat. Cap. XV.

5.-Que la Soberanía dimana inmediatamente del pueblo, el que sólo quiere depositarla en el Supremo Congreso Nacional Americano, compuesto de representantes de las provincias en igualdad de números.

6.-Que los Poderes Legislativo, Ejecutivo y Judicial estén divididos en los cuerpos compatibles para ejercerlos.

7.-Que funcionarán cuatro años los vocales, turnándose, saliendo los más antiguos para que ocupen el lugar los nuevos electos.

8.-La dotación de los vocales será una congrua suficiente y no superflua, y no pasará por ahora de 8000 pesos.

9.-Que los empleos sólo los americanos los obtengan.

10.-Que no se admitan extranjeros, si no son artesanos capaces de instruir y libres de toda sospecha.

11.-Que los Estados mudan costumbres y, por consiguiente, la Patria no será del todo libre y nuestra mientras no se reforme el Gobierno, abatiendo el tiránico, substituyendo el liberal, e igualmente echando fuera de nuestro suelo al enemigo español, que tanto se ha declarado contra nuestra Patria.

12.-Que como la buena ley es superior a todo hombre las que dicte nuestro Congreso deben ser tales, que obliguen a constancia y patriotismo, moderen la opulencia y la indigencia, y tal suerte se aumente el jornal del pobre, que mejore sus costumbres, alejando la ignorancia, la rapiña y el hurto.

13.- Que las leyes generales comprendan a todos, sin excepción de cuerpos privilegiados; y que éstos sólo lo sean en cuanto al uso de su ministerio.

14.- Que para dictar una ley se haga junta de sabios en el número posible, para que proceda con más acierto y exonere de algunos cargos que pudieran resultarles.

15.- Que la esclavitud se proscriba para siempre y lo mismo la distinción de castas, quedando todos iguales, y solo distinguirá a un americano de otro el vicio y la virtud.

16.- Que nuestros puertos se franqueen a las naciones extranjeras amigas, pero que éstas no se internen al reino por más amigas que sean, y sólo habrá puertos señalados para el efecto, prohibiendo el desembarque en todos los demás, señalando el diez por ciento.

17.- Que a cada uno se le guarden sus propiedades y respete en su casa como en un asilo sagrado, señalando penas a los infractores.

18.- Que en la nueva legislación no se admita la tortura.

19.- Que en la misma se establezca por Ley Constitucional la celebración del día 12 de diciembre en todos los pueblos, dedicado a la Patrona de nuestra Libertad, María Santísima de Guadalupe, encargando a todos los pueblos la devoción mensual.

20.- Que las tropas extranjeras o de otro reino no pisen nuestro suelo, y si fuere en ayuda, no estarán donde la Suprema Junta.

21.- Que no se hagan expediciones fuera de los límites del Reino, especialmente ultramarinas; pero se autorizan las] que no son de esta clase [para] propagar la fe a nuestros hermanos de Tierra adentro.

22.- Que se quite la infinidad de tributos, pechos e imposiciones que nos agobian y se señale a cada individuo un cinco por ciento de semillas y demás efectos o otra carga igual, ligera, que no oprima tanto, como la Alcabala, el Estanco, el Tributo y otros; pues con esta ligera contribución y la buena administración de los bienes confiscados al enemigo, podrá llevarse el peso de la guerra y honorarios de empleados.

23.- Que igualmente se solemnice el día 16 de septiembre todos los años, como el día aniversario en que se levantó la voz de la Independencia y nuestra santa Libertad comenzó, pues en ese día fue en el que se desplegaron los labios de la Nación para reclamar sus derechos con espada en mano para ser oída; recordando siempre el mérito del grande héroe, el señor Miguel Hidalgo y su compañero Ignacio Allende.

Chilpancingo, 14 de septiembre de 1813. José Ma. Morelos [rúbrica].

IDBCOM PUBLISHING

www.idbcom.com
josercrevueltas@idbcom.com

Biografías Breves

Músicos

Johann Sebastián Bach.

Ludwing Van Beethoven.

Federico Chopin.

Niccoló Paganini.

Wolfgang Amadeus Mozart.

Pintores

Leonardo da Vinci.

Miguel Ángel Buonarroti

Rafael Sanzio

Francisco de Goya

Vincent Van Gogh

Picasso

Arte

Grabados de Francisco de Goya

Impresionistas Americanos, volumen uno

Impresionistas Americanos, volumen dos

Los toros de Goya

Vida, amor y muerte en las obras de Francisco de Goya

Los cartones para tapices de Francisco de Goya

Escritores

Homero

Dostoyevski
Shakespeare
Helen Keller

Científicos

Galileo Galilei.
Albert Einstein.
Louis Pasteur.
Thomas Alva Edison.
Louis Pasteur.
María Curie.
Copérnico.
Charles Darwin

Políticos

Nicolás Maquiavelo.
Napoleón Bonaparte.
George Washington.
Pancho Villa
Morelos
La Malinche
Hernán Cortés
Carlos Marx
Federico Engels
Abraham Lincoln
Stalin
Lenin
Miguel Hidalgo

Benito Juárez
Trotski
Hitler

Resúmenes de las obras maestras de la literatura

La Ilíada
La Odisea
La divina Comedia
El cantar del mio Cid
La Celestina
El Lazarillo de Tormes
El retrato de Dorian Gray
Frankenstein o el moderno Prometeo
Marianela
Doña Perfecta
Moby Dick
Trafalgar
Pepita Jimenez
Louis Pasteur
Thomas Alva Edison
La Malinche
Resúmenes de Frankenstein, Moby Dick , El Retrato de Dorian Gray
Resúmenes del Cantar del Mio Cid, La Celestina, El Lazarillo de Tormes, y Pepita Jimenez

Obras de Óscar René Cruz

1954 el origen de la tragedia guatemalteca.

El primer presidente indígena de Guatemala.
Pelea de perros.
Minificciones Palindromáticas.
Coronavirus la tormenta perfecta
Autobiografía

Otros

Navidad en las montañas
El porqué de las guerras
Quetzalcóatl, ensayo trágico en tres actos y en verso
Coronavirus: La torrmenta perfecta
El militarismo en México

José y Andrea Revueltas

El quebranto de José Revueltas
Poesía de José Revueltas
José Revueltas por su hija Andrea
Francia: raíces teóricas de Mayo del 68

Libros en inglés

Coronavirus: The perfect storm
Albert Einstein
Marie Curie
Christmas In the Mountains

The Iliad
Francisco of Goya's engravings
Why the War?: The Disasters of War
American Impressionists. Volume one
American Impressionists. Volume two
The bulls of Francisco de Goya

ACERCA DEL AUTOR

Óscar René Cruz

Nació en 1933, escribió su primer libro con cuentos y relatos en 1968, el segundo “La Taba” 1973. En 1976 apareció su primer libro de palíndromos. El segundo es un poema palindrómico. En 2006 publicó sus Minificciones Palindrómicas, en las que se proponen nuevas formas de presentación de los textos, para reforzar la intención narrativa. En año 2009 publicó su segunda novela “El presidente Olvidado”. Durante su vida escribió múltiples biografías y compendios.

LIBROS DE ESTE AUTOR

Libros De Oscar René Cruz En Amazon

www.ingramcontent.com/pod-product-compliance
Ingram Content Group UK Ltd.
Pitfield, Milton Keynes, MK11 3LW, UK
UKHW022012190726
13853UKWH00004B/1891

9 798362 594640